Cartouche

Le trésor des Templiers

Cette histoire est tirée du dessin animé
Cartouche, Prince des faubourgs, épisode 1 :
« Le trésor des Templiers »

Idée originale d'Éric-Paul Marais et de Philippe Duchêne
Scénario original : Laurent Turner
Réalisation : Xavier Giacometti

Une production STORIMAGES - XILAM ANIMATION / M6 / TPS JEUNESSE / VIF

18 rue Barbès, 92128 Montrouge Cedex

Dépôt légal : avril 2010
ISBN : 978-2-7470-2998-8
Loi 49 956 du 16 juillet 1949 sur les publications destinées à la jeunesse.

Texte de Christophe Lambert
Illustrations de Diane Le Feyer

Cartouche

Le trésor des Templiers

bayard poche

1

Un mystérieux bouclier

Imaginez Paris, la nuit, en 1717.

À cette époque, il n'y avait pas de bitume dans les rues et les avenues. Le sol était recouvert de dalles grossièrement taillées. Des traces de suie noircissaient les murs. Aucune sonnette aux portes, mais des heurtoirs en fer. Les ordures s'empilaient devant les maisons. Bien sûr, l'éclairage électrique n'existait pas encore. L'obscurité régnait, transformant la capitale en un labyrinthe baigné de ténèbres.

Tout semblait calme, néanmoins, cette nuit-là ; jusqu'au moment où une voix rugit :

– Arrêtez-vous !

Quatre silhouettes jaillirent d'un porche, poursuivies par cinq soldats armés de piques et de hallebardes !

– C'est Cartouche et sa bande ! Attrapons-les ! cria le chef des militaires.

Cartouche, le Prince des faubourgs !

À vingt ans à peine, ce beau jeune homme brun était déjà une légende.

Le peuple l'adorait. Il avait le don de faire enrager les sbires du Régent, Philippe d'Orléans. Cela suffisait à le rendre sympathique aux yeux des Parisiens. Mais il y avait mieux encore : Cartouche ne se contentait pas de voler, il redistribuait son butin aux petites gens accablées par les impôts. Comment ne pas aimer un tel homme ?

– Arrêtez-vous ! répéta pour la dixième fois l'officier.

Cartouche était épaulé par une bande de compagnons aussi joyeux que dévoués. Trois de ses plus fidèles lieutenants fuyaient justement à ses côtés. Il y avait le Lorrain, dont la fine moustache et les beaux habits rappelaient les origines aristocratiques. Et puis Galichon, ancien galérien, une vraie force de la nature, celui-là. Indispensable en cas de coup dur ! Il était suivi de près par la séduisante Fleur d'Épine, jeune orpheline aux cheveux roux qu'il avait recueillie et élevée comme sa propre enfant.

– Ils se rapprochent, dit Fleur d'Épine en se retournant pour mieux voir les soldats.

– Séparons-nous, lança le Lorrain.

Cartouche acquiesça et donna l'exemple en bifurquant brusquement sur sa gauche. Le Lorrain le suivit pendant que Galichon et Fleur d'Épine prenaient à droite.

Comme ils l'espéraient, les gardes se séparèrent aussi en deux groupes.

Cartouche et le Lorrain débouchèrent dans une allée encombrée de cageots. Ils étaient hors de vue des hommes du Régent. Ils n'avaient que quelques secondes pour prendre une décision.

– Cachons-nous ! trancha Cartouche.

Ils bondirent derrière une pile de caisses.

Leurs ennemis continuèrent leur route sans ralentir, passant à moins de deux mètres d'eux.

La ruse avait fonctionné !

Cartouche commençait tout juste à se détendre quand son ami le tira par la manche.

– Regarde ça…

Il montrait du doigt une tour médiévale construite à l'autre bout de la rue. Éclairée par la lune, la silhouette du vieil édifice se découpait de manière lugubre sur fond de ciel étoilé. Des personnages à la mine patibulaire étaient sur le point de pénétrer dans la tour. Cartouche en compta quatre, tous vêtus de défroques rapiécées. Le fer de leurs épées brillait à chacun de leurs mouvements.

– Je crois bien que j'ai reconnu Chien Noir, déclara le Lorrain.

Cartouche fronça les sourcils. Oui, cet homme voûté, avec un grand nez et qui portait une cape… c'était lui, pas de doute !

Bien que hors-la-loi tous les deux, Cartouche et Chien Noir se détestaient cordialement. Ce dernier était un brigand de la pire espèce qui choisissait ses victimes chez les faibles plutôt que chez les puissants.

– Je me demande ce que mijote cette crapule, murmura Cartouche.

Il sortit de sa cachette, le Lorrain accroché à ses pas.

Chien Noir et ses gueux avaient disparu dans la tour.

Les deux jeunes gens escaladèrent quelques pierres moussues jusqu'à une fenêtre donnant sur le premier étage de la ruine. Ils se glissèrent à l'intérieur sans un bruit. Des tentures poussiéreuses décoraient les murs mais le mobilier avait quasiment disparu. Le plancher était plus troué qu'un gruyère. En se penchant au-dessus du vide, Cartouche et son ami purent observer Chien Noir qui donnait des ordres au rez-de-chaussée :

– Fouillez-moi cet endroit de fond en comble, bande d'incapables ! Et rappelez-vous : un bouclier gravé en latin !

– Tes hommes savent le latin ? railla Cartouche.

Aussitôt, les forbans levèrent leurs yeux.

– Voilà ce que j'appelle de l'éducation, compléta le Lorrain, ironique.

Tous deux sautèrent et se reçurent avec souplesse dans la salle du bas.

– Ne te mêle pas de ça, Cartouche, cracha Chien Noir. Cela ne te regarde pas.

– Ce qui ne me regarde pas m'intéresse toujours beaucoup. Je suis comme ça, que veux-tu...

Sans crier gare, un colosse armé d'une épée tenta une attaque en traître.

– Attention ! cria le Lorrain, qui avait vu la masse de muscles se mettre en mouvement.

Cartouche esquiva l'assaut avec agilité et ramassa un pied de chaise cassé. Le Lorrain l'imita : les vestiges de l'ameublement étaient les seules armes à leur disposition.

Chien Noir se frottait les mains.

– Tuez-les ! ordonna-t-il.

Il attendait ce moment depuis longtemps. À combien de reprises Cartouche l'avait-il empêché de soutirer leurs dernières économies à la veuve et à l'orphelin ? Chien Noir ne comptait même plus. À ses yeux, une seule chose importait : les exploits du Prince des faubourgs allaient s'arrêter une bonne fois pour toutes, ici et maintenant !

Les gredins s'élancèrent... mais ils avaient sous-estimé les Cartouchiens.

Manié par des mains expertes, un simple bâton peut se révéler un instrument redoutable.

Cartouche et le Lorrain enchaînaient parades et ripostes à un rythme soutenu tout en discutant, comme s'ils se trouvaient tranquillement attablés dans une taverne :

– Comment tu t'en sors, toi ?

– Bah, la routine.

Ils faisaient tournoyer les bouts de bois au-dessus de leur tête, puis frappaient. Leurs adversaires mordaient la poussière et, quand ils se relevaient, ils étaient plus enragés encore. Sans cesse harangués par leur chef, ils redoublèrent d'efforts. Chaque coup d'épée arrachait des copeaux de bois aux bâtons !

Au bout d'un moment, Cartouche n'eut plus qu'un morceau ridicule entre les mains. Il le jeta à la face de son agresseur le plus proche avant de reculer.

Le Lorrain et lui se retrouvèrent alors acculés au fond de la salle.

– Achevez-les ! hurla Chien Noir.

Cartouche s'empara d'une torche accrochée à la paroi et, soudain, l'impensable se produisit : le pan de mur pivota avec un bruit de pierre qui racle le sol. Sans le vouloir, il avait actionné un mécanisme bien dissimulé.

– Héééé ! brailla Chien Noir.

Il bondit avec un temps de retard : le passage s'était refermé.

Et ses proies avaient disparu !

De l'autre côté de l'ouverture secrète, Cartouche et le Lorrain entendaient les brigands tambouriner contre la pierre en poussant des cris de dépit.

– Bon, nous voilà tranquilles pour un moment, dit le Lorrain avec un sourire.

Un escalier s'enfonçait dans les ténèbres.

– Allons-y, soupira Cartouche.

Plic.

Plic.

De l'eau tombait goutte à goutte quelque part dans l'obscurité.

Ils descendirent une trentaine de marches avant d'atteindre une immense cave, haute de plafond et entièrement inondée ! L'endroit sentait la vase croupie. Une colonie de rats barbotaient dans ce marécage souterrain.

– Charmant, murmura le Lorrain.

Cartouche ne répondit rien. Il confia sa torche à son ami et s'avança au milieu de l'eau stagnante.

Il venait de repérer quelque chose, une statue de chevalier allongée sur un socle en pierre. Elle fixait le plafond d'un regard sans vie, figée pour l'éternité. Ses mains étaient refermées sur une lourde épée et... un bouclier !

– C'est sans doute le bouclier dont parlait Chien Noir, réfléchit Cartouche.

Les deux amis s'avancèrent. Ils avaient de l'eau jusqu'à la taille. Le Lorrain épousseta le bouclier pour mieux voir les inscriptions qui y étaient gravées.

– Du latin... mais aussi de l'araméen et de l'hébreu, remarqua-t-il, concentré.

– Tu arrives à traduire ?

– Non, je ne comprends pas tout.

Tout à coup, un grondement sourd monta des ténèbres.

– Qu'est-ce qui se passe ? s'exclama Cartouche.

Le niveau de l'eau s'élevait à toute vitesse. Fouillant la salle du regard, les deux compagnons ne tardèrent pas à découvrir l'origine de ce bruit étrange. Une cascade de liquide nauséabond se déversait par des orifices percés à même les murs... sans doute le contenu des égouts parisiens !

– Quelle infection ! pesta le Lorrain.

Déjà, ils n'avaient plus pied. Ils se démenaient dans les remous, peinant à garder le visage hors de l'eau. Le plafond se rapprochait, encore et encore...

– Là ! s'écria Cartouche. Une ouverture !

Hélas ! cette issue était fermée par une solide grille en fer forgé.

– À nous deux, on a peut-être une chance de la faire bouger, hasarda le Lorrain.

Pour toute réponse, Cartouche lui fit signe d'attendre et gonfla ses joues d'air.

– À quoi tu joues ? fit le Lorrain.

Cartouche plongea et nagea jusqu'au fond. Il n'y voyait rien. Ses mains tâtonnèrent le long de la statue puis se refermèrent sur ce qu'il cherchait. Il tira de toutes ses forces. Au bout de quelques secondes qui lui parurent durer une éternité, le bouclier se décrocha en libérant un chapelet de bulles.

Lorsque Cartouche remonta à la surface, le précieux objet serré dans ses bras, il faillit se cogner contre le plafond. La torche s'était éteinte. La poche d'air se réduisait de seconde en seconde. Le Lorrain, le visage écrasé contre les barreaux de métal, s'évertuait à pousser la grille qui ne remuait pas d'un pouce.

– C'est bloqué, dit-il dans un souffle qui risquait fort d'être le dernier.

Et, comme pour le contredire, la grille bougea !

– Alors ? fit une voix ricanante. On ne vous a jamais appris à remercier ?

Chien Noir !

L'un de ses hommes reposa la grille pendant que les autres aidaient les Cartouchiens trempés et désarmés à s'extirper du piège mortel. Les rescapés regardèrent autour d'eux. Ils se trouvaient sur une petite place. Chien Noir s'empara du précieux bouclier sans leur laisser le temps de se ressaisir.

– On fait moins les malins, maintenant, hein ? siffla-t-il avec un sourire sarcastique.

Cartouche allait répondre quand une voix féminine lança :

– La partie n'est pas encore jouée !

Fleur d'Épine et Galichon accouraient.

Chien Noir marqua un bref instant d'hésitation. Il savait que, sous ses airs angéliques, la jeune fille était une redoutable combattante. Et les poings de Galichon avaient de quoi impressionner les meilleurs lutteurs de foire du royaume.

– Retraite ! hurla-t-il.

Il s'enfuit à toutes jambes, le bouclier sous le bras, suivi de ses hommes de main.

– Atchoum ! éternua le Lorrain.

Cartouche se tourna vers Fleur d'Épine et le colosse.

– Merci à vous.

– C'était quoi, ce bouclier ? demanda Galichon.

– Justement, j'aimerais bien le savoir...

Le Lorrain terminait d'essorer son mouchoir.

– Il n'y a qu'un homme qui puisse nous en apprendre davantage, renifla-t-il.

– Tu penses à la même personne que moi ? questionna Cartouche.

– Je crois, oui... Isaac !

Ils parlaient tous les deux d'Isaac de Tolède, touche-à-tout d'à peine trente ans qui était médecin à ses heures, mais également savant, érudit, astronome... Un véritable puits de science ! Il vivait au milieu des livres, au deuxième étage de l'auberge du Chariot d'Or, le quartier général des Cartouchiens. Il avait réponse à tout.

– Allons-y, proposa Cartouche. Je suppose qu'en dépit de l'heure tardive, notre ami aura encore le nez plongé dans ses bouquins !

Il se trompait ! Une demi-heure plus tard, quand les quatre compagnons frappèrent à la porte de l'auberge, ils furent accueillis par la veuve Richard, la

patronne. Chose rare, cette femme au fort tempérament semblait paniquée :

– Ils sont venus, gémit-elle. Ils ont enlevé monsieur Isaac ! Ils voulaient l'interroger au sujet d'un bouclier !

– Qui ça « ils » ? fit Cartouche.

– Les soldats du Régent !

Le Lorrain se frotta le menton.

– Hum, je me doutais bien que Chien Noir n'agissait pas seul.

– Voilà qui commence à devenir bigrement intéressant, acquiesça Cartouche.

L'aube allait bientôt se lever sur Paris. Chien Noir attendait, seul dans une ruelle déserte, le bouclier posé à côté de lui.

Dans un froissement d'étoffe, suivi par un courant d'air glacé, un homme tout de noir vêtu émergea de l'ombre.

Grand, le teint cireux, avec un visage en lame de couteau défiguré par une vilaine cicatrice. Ce personnage faisait peur avant même d'avoir ouvert la bouche.

Chien Noir s'inclina :

– Mes respects, Falconi.

L'autre sortit une bourse de sa poche et la remit au bandit.

– Voilà le bouclier, dit Chien Noir en montrant sa prise. Si un jour vous-même ou messire le Régent avez encore besoin...

– D'une crapule sans foi ni loi ? D'un vaurien prêt à vendre sa propre mère ? Je penserai à toi. Promis.

Il y avait du mépris dans cette voix, ainsi qu'un fond de menace sourde.

Chien Noir jugea bon de ne pas insister : il tira sa révérence et déguerpit avec l'argent.

2

L'alliée secrète de Cartouche

Le Régent, Philippe d'Orléans, avait fait du Palais-Royal sa résidence privée. Il y possédait de somptueux appartements décorés de dorures mais aussi et surtout un vaste bureau où il pouvait donner ses audiences, recevoir ses conseillers, bref, diriger les affaires du royaume. Cette tâche lui incomberait jusqu'au moment où le jeune Louis XV serait en âge de régner. En attendant, il avait tous les pouvoirs et se comportait en tyran. Aucune intrigue, aucune trahison ne lui faisait peur, du moment que sa puissance s'en trouvait renforcée. Bien sûr, ces complots se forgeaient dans l'ombre et Falconi était l'individu idéal pour exécuter les basses besognes. Le Régent, quant à lui, ne bougeait guère de sa luxueuse demeure. Il répugnait à se mêler à la populace. Il ne fréquentait que des gens de son rang : parfumés, poudrés et coiffés des grosses perruques à la mode chez les nobles.

– Que l'on fasse entrer le prisonnier, dit-il, avachi sur son confortable fauteuil de travail.

Une porte s'ouvrit et deux gardes poussèrent Isaac de Tolède.

Isaac avait de grands yeux ronds qui lui donnaient un air perpétuellement curieux, et ses cheveux étaient coiffés en queue de cheval.

– Je ne comprends pas pourquoi on m'a arrêté ! protesta-t-il. Je n'ai rien fait !

Ses doigts croisés sur son ventre bedonnant, le Régent étudiait le savant de bas en haut. Son regard était perçant. Il ressemblait à un matou, gros et gras, mais encore vif. Falconi, son âme damnée, observait la scène à ses côtés, les mains jointes dans le dos, impassible.

– Je ne vous voyais pas si jeune, déclara Philippe d'Orléans d'une voix flûtée. Vous avez une telle réputation. (Il se leva et fit quelques pas.) On m'a dit que vous étiez le seul à Paris à pouvoir déchiffrer ceci.

D'un geste brusque, il arracha le drap blanc qui recouvrait...

– Le bouclier de Jacques de Molay ! s'écria Isaac, stupéfait.

Il l'avait déjà vu en gravure dans de nombreux ouvrages consacrés aux Templiers, cet ordre de chevalerie disparu depuis des siècles.

– On ne m'avait pas menti à votre sujet, siffla le Régent. J'ai affaire à un connaisseur. (Il se gratta le menton.) Très bien, mon ami. Je compte sur vous pour me traduire les inscriptions gravées sur cette pierre et ainsi m'aider à mettre la main sur le légendaire trésor des Templiers.

– Mais... mais, balbutia Isaac.

Un sourire carnassier s'élargit sur la face flasque et molle du Régent :

– Bien sûr, vous n'avez pas le choix.

Isaac déglutit.

Les lourdes portes du bureau se refermèrent en produisant un horrible grincement.

Dans le couloir, une belle jeune fille blonde cachée derrière une tenture n'avait rien perdu de la conversation.

– Mademoiselle Isabelle !

Isabelle d'Entraigues se retourna pour voir arriver sa suivante, Henriette.

– Chut, pas si fort, lui dit-elle.

La domestique mit la main devant sa bouche.

– Ce prisonnier ? demanda-t-elle à voix basse. Vous le connaissez ?

– Oui. C'est un ami de « tu sais qui ».

Isabelle avait rencontré les Cartouchiens l'année précédente, à son arrivée à Paris. En visitant le quartier de Montorgueil, fief de Cartouche, elle avait découvert un autre monde. Des gens simples et sincères. Des gens bons ! C'était tellement nouveau pour elle...

Et dire que les autorités avaient essayé de raser ce quartier ! Depuis cet évènement, la jeune fille avait clairement choisi son camp. Elle n'aimait pas son oncle, le Régent. Malheureusement, elle avait été placée sous la responsabilité de Philippe d'Orléans à la mort de ses parents, le marquis et la marquise d'Entraigues.

Elle se pencha et dit à l'oreille de sa suivante :

– Apporte un message à « tu sais qui ». Dis-lui de me retrouver demain matin à notre point de rendez-vous habituel.

Le Clos fleuri était un lieu calme et propice au recueillement. Des galeries en pierre centenaires entouraient un jardin si bien entretenu que, en se concentrant un peu, on pouvait presque entendre le bruit des sécateurs. Au centre du carré de gazon, une fontaine glouglôutait sa musique mélodieuse.

Cartouche attendait là, sur le bord du petit bassin. Il avait le cœur battant, comme à chaque fois qu'il s'apprêtait à rencontrer sa belle marquise, la femme de ses rêves. Il était tombé amoureux d'elle dès qu'il l'avait vue, assise dans son carosse. On aurait dit un ange descendu sur terre...

Isabelle apparut entre deux colonnes, habillée d'une robe toute simple. Un capuchon rabattu masquait en partie son visage.

– Cartouche, dit-elle. Votre compagnon, Isaac, le savant, est retenu au Palais-Royal...

Cette entrée en matière dissipa d'un coup les pensées romantiques du jeune homme.

– J'en étais sûr, lâcha-t-il. Avez-vous entendu parler d'un bouclier ?

– Oui. C'est celui de Jacques de Molay. Mon oncle pense que cet objet est la clé qui mène au trésor des Templiers...

Le regard du Prince des faubourgs brilla d'un nouvel éclat.

– Venez, dit-il. Faisons quelques pas.

Les deux jeunes gens marchèrent à l'ombre d'une des galeries latérales. Cartouche brûlait d'envie de prendre la main d'Isabelle mais il se retint. Il n'était pas très sûr des sentiments qu'elle éprouvait à son égard. Sympathie ? Amitié ? Ou bien quelque chose d'autre ? Quelque chose de plus profond...

– Que puis-je faire pour vous aider ? questionna Isabelle.

– Vous avez déjà pris beaucoup de risques. Si on vous voyait ici, avec moi...

– J'en serais flattée. Vous êtes tellement...

– Irrésistible ?

– Amusant. Oui, voilà le mot que je cherchais.

Cartouche sourit jaune :

– Ma foi, c'est mieux que rien.

Elle souleva sa capuche. Dans la douce lueur du jour naissant, elle était plus belle que jamais.

– Il y a peut-être un moyen pour vous de pénétrer dans le palais. Mon oncle donne une réception, ce soir. Un concert.

– Un concert ?

Il affichait de nouveau son franc sourire de canaille, ce sourire qu'elle aimait tant.

Il reprit :

– Je crois que cela me donne une idée.

Pendant ce temps, dans une pièce du Palais-Royal, Isaac prenait frénétiquement des notes, penché sur le bouclier de pierre.

– Incroyable, murmura-t-il pour lui-même. Tout y est.

Une voix résonna alors dans son dos :

– Vous m'en voyez ravi.

Isaac se retourna. Falconi était entré sans bruit.

– Ne vous réjouissez pas trop vite, riposta le savant. D'après ce texte, le chemin menant au trésor est semé de pièges terribles.

L'homme de main du Régent paraissait imperturbable.

– Il faut se montrer plus malin que vous ne l'êtes pour atteindre ce but, poursuivit Isaac. Et au moindre faux pas, une seule sanction vous attend : la mort.

Falconi sourit, nullement impressionné.

– Programme alléchant, dit-il. Tout ce que j'aime...

3

Une représentation mouvementée

Le soir même, un carrosse s'arrêta devant le Palais-Royal. Quatre personnages en sortirent. Ils étaient vêtus de dentelles et de froufrous dans lesquels ils paraissaient plutôt mal à l'aise. Et pour cause : il s'agissait de Cartouche et de ses compagnons !

Le chef des bandits se pencha à l'intérieur de l'attelage et, un doigt sur la bouche, souffla « chut ». Quatre hommes en sous-vêtements, ligotés et bâillonnés, se tortillaient sur les banquettes de velours carmin.

– Fouette cocher, lança Cartouche.

Le carrosse s'éloigna tandis que les quatre amis franchissaient l'entrée du bâtiment sans être inquiétés par les militaires en faction.

Ils passèrent une enfilade de couloirs, tous leurs sens en éveil.

Cartouche marmonna :

– D'après Isabelle, Isaac est retenu dans l'aile droite…

– C'est où ça, nom d'un hareng ? grogna Galichon.

– À droite, sans doute, ironisa Fleur d'Épine.

Galichon était de fort mauvais poil. Il trouvait ce plan insensé et, pour couronner le tout, sa perruque le

grattait comme si une colonie de poux avait élu domicile sur son crâne. Soudain, un petit homme interpella les Cartouchiens.

– Ah, vous voilà enfin ! Le Régent commençait à s'impatienter.

C'était le maître de cérémonie... accompagné d'une demi-douzaine de gardes.

Galichon jeta un regard orageux à son chef.

– Eh bien, hum, allons-y, dit celui-ci en s'efforçant de sourire.

Une estrade avait été montée dans le petit salon de musique. Philippe d'Orléans et quelques invités très chics attendaient en agitant mouchoirs et éventails. À leur mine agacée, on devinait que la patience n'était pas leur qualité principale.

Le maître de cérémonie accourut.

– Les voilà, Votre Excellence.

Le rideau donnant sur les coulisses s'écarta et les quatre « artistes » entrèrent en scène. Cartouche et Fleur d'Épine étaient au violon. Galichon portait un violoncelle. Un clavecin attendait le Lorrain, qui était le seul véritable musicien du groupe.

D'un même mouvement, ils saluèrent avec déférence la noble assistance. La perruque de Galichon tomba. Il la ramassa en vitesse et grommela entre ses dents :

– Pfff, ça ne marchera jamais.

– Fallait le dire plus tôt, riposta Cartouche.

– Je n'ai pas arrêté de le dire…

Le maître de cérémonie tapa dans ses mains :

– Allons, allons. En place !

Les Cartouchiens s'installèrent. Moment de silence.

Le Régent fit signe que l'on pouvait commencer.

Une terrible cacophonie, mélange de grincements, de notes graves et d'abominables stridulations, envahit soudain la pièce. Le Lorrain mis à part, les musiciens n'arrivaient à tirer que des fausses notes de leurs instruments !

Les spectateurs échangèrent des regards déconcertés.

Le Régent se tourna vers le maître de cérémonie.

– Que signifie ? demanda-t-il. S'agit-il d'une nouvelle forme de musique ?

Le petit homme haussa les épaules. Il semblait aussi perdu que le reste du public.

PLOHING ! À force de s'escrimer, Galichon avait fini par casser une corde de son violoncelle !

Jugeant que le massacre avait atteint son apogée, Cartouche arrêta de jouer et lança :

– Votre Altesse, comme vous avez peut-être pu le constater, avec l'oreille musicale exceptionnelle qui vous caractérise, nos instruments ont été mal accordés.

Philippe d'Orléans afficha un sourire plein de fatuité, ravi du compliment.

Cartouche continua :

– Pendant que nous remédions à ce petit problème, nous allons vous laisser en compagnie du claveciniste que l'Europe entière nous envie.

Le Lorrain sursauta et jeta à son ami un regard qui signifiait : « Tu ne trouves pas que tu en fais un peu trop, là ? »

– Que Son Excellence nous excuse pour ce léger contretemps, ajouta Cartouche. Notre absence sera de courte durée.

Et il s'éclipsa en coulisses, suivi de Fleur d'Épine et Galichon.

Le pauvre Lorrain sentait tous les regards à présent focalisés sur sa personne.

Il inspira un bon coup, fit craquer ses longs doigts et, les yeux fermés, entama un morceau pas trop compliqué. C'était un air joyeux qu'il tenait de sa mère, elle-même claveciniste assez douée. Charmés, les invités retrouvèrent le sourire.

« Pourvu que les autres se dépêchent, songea le Lorrain. Je ne suis pas sûr de pouvoir faire illusion pendant des heures... »

Tout à sa musique, il ne vit pas qu'un nouveau personnage venait de pénétrer, par une porte dérobée, dans le petit salon.

C'était Falconi, qui ne le quittait pas des yeux, les sourcils froncés, comme s'il cherchait dans sa mémoire où il avait bien pu voir la tête de ce musicien aux doigts si agiles.

Les trois autres Cartouchiens déambulaient dans les couloirs en parlant à voix basse.

– C'est un vrai labyrinthe ici, râlait Galichon. On aurait dû étudier les plans avant de venir... Préparer un minimum, quoi !

Cartouche lui fit signe de se taire. Ils étaient parvenus à l'angle d'un couloir. En risquant un œil, ils aperçurent trois gardes qui se tenaient quelques mètres plus loin, devant une porte close.

Cartouche se retourna vers son compagnon bourru :

– Ne t'inquiète pas. Cette fois, j'ai un plan solide.

– On fonce tête baissée, c'est ça ? hasarda Fleur d'Épine.

– Héé, comment tu as deviné ?

– Je te connais trop bien.

Galichon bouillait sur place :

– Bon, allez, assez de parlote !

Sans attendre davantage, il chargea.

La suite fut très confuse...

Isaac, qui s'était assoupi sur sa table de travail, entendit des coups et des cris étouffés. Il se redressait, à demi réveillé, lorsque la porte éclata sous le poids d'un Galichon lancé comme un boulet de canon. Dans le couloir, Cartouche et Fleur d'Épine finissaient d'assommer les gardes encore sur pied.

– Mais... que... ? bredouilla le savant.

– C'est gentil chez toi, gloussa Cartouche. Tu nous fais visiter ?

Isaac se jeta dans les bras de ses amis.

– Vous êtes venus me sauver ? Merci ! Merci à vous !

Mais les effusions furent de courte durée. D'autres soldats rappliquaient au pas de course, sans doute alertés par le vacarme.

– Plus tard, les remerciements, conseilla Fleur d'Épine.

Isaac acquiesça. Il ramassa ses notes. Ils allaient partir quand de nouveaux gardes surgirent de tous les côtés à la fois.

Cette fois, pas de doute, ils étaient bel et bien pris au piège !

Dans le salon de musique, le Lorrain, un brin angoissé, arrivait au bout de son répertoire, sans se douter du danger autrement plus grand qui le guettait.

– Je suis sûr et certain que je connais cet homme, marmonna Falconi, toujours tapi dans l'ombre.

À chaque fois que la main du claveciniste atteignait l'extrémité du clavier, il effectuait une petite rotation du poignet avant de frapper de nouveau les touches.

– J'ai trouvé ! s'écria Falconi. La botte secrète du Lorrain !

En effet, en escrime comme au clavecin, l'ami de Cartouche aimait ponctuer ses effets de ce geste très particulier.

– En voilà un qui n'apprécie pas ma musique, soupira le Lorrain.

Falconi fonçait sur lui, l'épée brandie, au grand étonnement des spectateurs. Le maître de cérémonie s'arrachait les cheveux :

– Mais que se passe-t-il à la fin ?

Falconi sauta sur la scène et le duel commença. Les deux hommes étaient d'égal talent, mais ils avaient des styles très différents. Le Lorrain donnait l'air de s'amuser. Il parait les coups en souriant avec une feinte nonchalance. Plus direct, l'homme en noir attaquait pour tuer, et la promesse des enfers brillait dans ses yeux. Chacun tournait autour du clavecin, esquivait, feintait, sans que l'un ou l'autre ne réussisse à prendre l'avantage.

– Faites cesser cela immédiatement ! aboya Philippe d'Orléans.

En quelques instants, le Lorrain fut entouré par une dizaine de gardes. Toute résistance était vaine.

Falconi pointa son épée sur la poitrine du Cartouchien.

– Il est à moi, dit-il.

– Assez ! ordonna son maître. Qu'on emmène cet homme.

Le Lorrain se laissa désarmer.

– Désolé, lança-t-il, non sans ironie, à son ennemi juré. Une autre fois, peut-être...

Falconi écumait d'une rage difficilement réprimée.

4

Dans les pas des Templiers

Un quart d'heure plus tard, tous les prisonniers furent rassemblés dans le bureau du Régent. Celui-ci ne cachait pas son plaisir.

– Cher Cartouche, dit-il, je suis très touché que vous et vos amis vous soyez invités, ici, ce soir.

Ce qui signifiait, en langage plus direct : « Misérable insecte, enfin, je te tiens. Je vais me faire un plaisir de t'écraser, très lentement de préférence. » Pour quelqu'un comme Philippe d'Orléans, Cartouche était une source de contrariétés permanente, une vivante insulte faite à son autorité. Comment un vulgaire hors-la-loi osait-il se dresser face à lui, le dirigeant qui aspirait à dicter sa volonté à l'Europe entière ? La chose était inadmissible.

Tout en parlant, le Régent faisait les cent pas devant le Prince des faubourgs et ses compagnons. Les Cartouchiens avaient été placés sous bonne garde. Ils écoutaient leur hôte en suivant ses allées et venues du regard.

– Je ne sais comment vous remercier, continua Philippe d'Orléans sur le même ton amusé. Est-ce qu'une exécution en place publique vous contenterait ?

Pas de réaction chez les prisonniers.

Le Régent s'immobilisa, comme s'il venait d'avoir une idée :

– Mais j'y suis ! Je sais comment utiliser vos talents ! (Il tapa dans ses mains.) Pour des voleurs aussi futés que vous, les pièges qui mènent au trésor des Templiers ne doivent guère poser de problèmes, n'est-ce pas ?

– Je ne reçois mes ordres que d'une seule personne, riposta crânement Cartouche. Et cette personne, c'est moi.

– Vraiment ?

Le Régent adressa un signe à Falconi. Aussitôt, l'homme en noir s'avança, pareil à une implacable machine de guerre sans âme, sans émotions. Il sortit son épée et passa le fil de la lame sous le menton de Fleur d'Épine. La jeune fille voulut se détourner mais des gardes la ceinturaient. Les Cartouchiens étaient sur le point de bondir. Une barrière de hallebardes s'abaissa, coupant net leur élan.

– Vous allez faire ce qu'on vous demande, menaça Falconi. À la moindre entourloupe, vous pouvez dire adieu à votre amie.

Cartouche et le Lorrain avaient perdu toute trace de leur légendaire décontraction. Isaac blanchissait à vue d'œil. Galichon, quant à lui, bouillonnait de fureur.

Cartouche avala sa salive avec un bruit de gorge.

– D'accord. Allons trouver ce maudit trésor et qu'on en finisse.

Le donjon du Temple était un bâtiment sinistre et très ancien, situé au cœur de la capitale, dans le quartier du Marais.

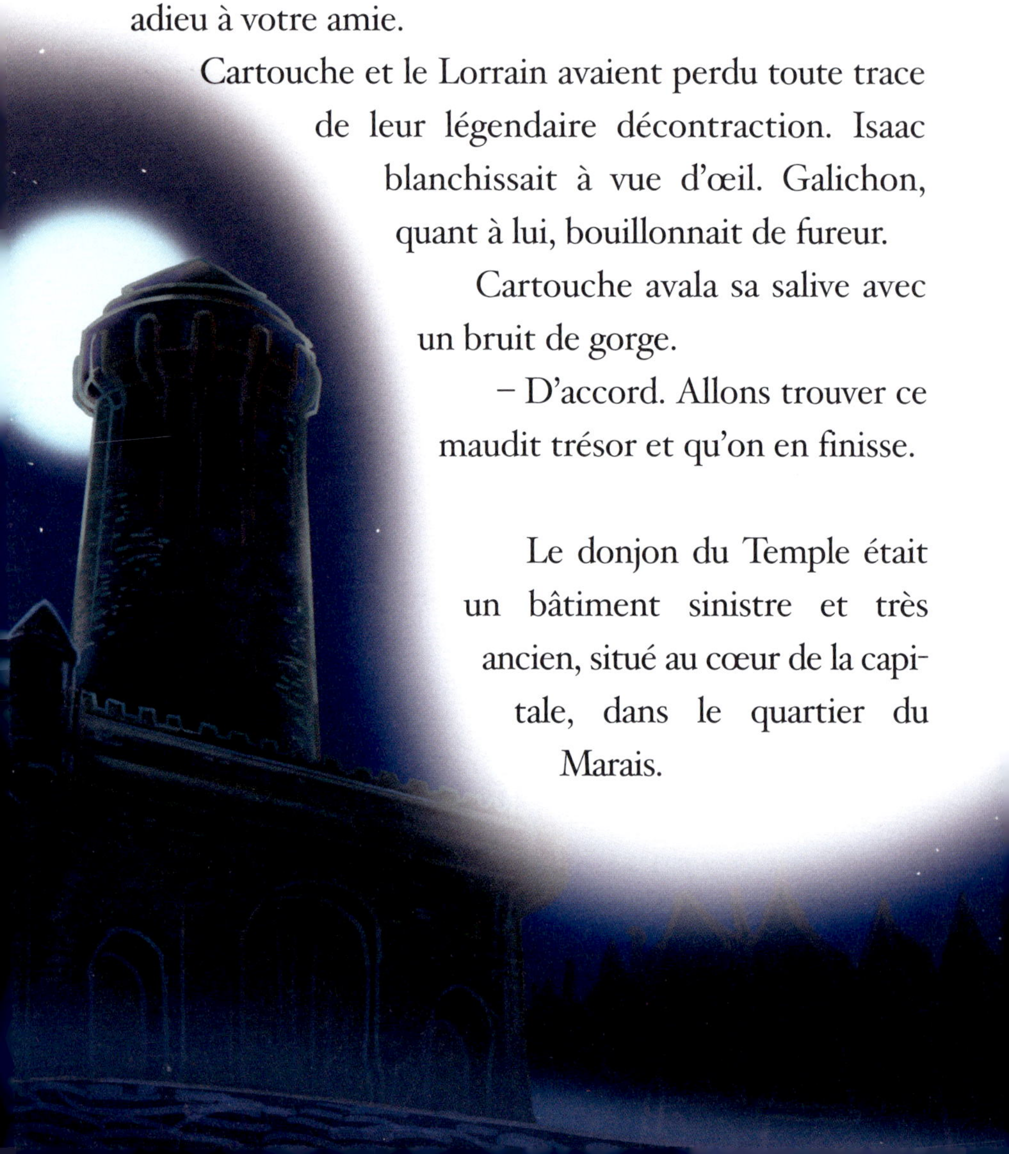

– Si l'on en croit le texte gravé sur le bouclier, tout part de là, annonça Isaac. Enfin, de la bibliothèque, pour être plus précis.

Les Cartouchiens acquiescèrent sombrement. Falconi et une vingtaine d'hommes en armes les escortaient.

– Venez, entrons, fit le sbire du Régent.

Ils passèrent le mur d'enceinte, un quadrilatère crénelé à la manière des anciens châteaux forts. Une petite cour donnait sur le donjon lui-même, imposante construction flanquée de douze tourelles. La fameuse bibliothèque se trouvait au rez-de-chaussée. Isaac sourit. Ainsi environné de centaines de livres, il se sentait comme un poisson dans l'eau.

– « Pour accéder au trésor, mon savoir tu devras absorber », récita-t-il à voix haute.

Galichon frémit.

– Ils ne veulent pas qu'on lise tous ces bouquins quand même ?

Cartouche interpella le savant :

– Isaac... La statue au bouclier, c'était bien celle de Jacques de Molay, le grand maître de l'ordre, n'est-ce pas ?

– Oui.

– Alors nous devons trouver les livres écrits par lui et lui seul.

Ils se mirent à examiner les ouvrages serrés les uns contre les autres. À chaque fois qu'ils en découvraient un qui portait le nom de Jacques de Molay inscrit sur son dos, ils le sortaient des étagères. Au douzième livre ainsi mis de côté, un bruit étrange résonna dans la pièce. Ce bruit venait du sol : plusieurs dalles s'abaissaient pour laisser apparaître un escalier. Ses marches descendaient vers des ténèbres encore plus noires que l'intérieur d'une mine de charbon.

– Messieurs, vous savez ce qu'il vous reste à faire, ricana Falconi.

Cartouche saisit la torche qu'on lui tendait et s'engagea dans l'escalier, suivi de ses amis. Isaac marchait en queue de file, un œil sur les marches glissantes, l'autre rivé sur ses notes.

– « Dans les pas des Templiers, tu mettras les tiens », marmonna-t-il.

Le groupe aboutit à un couloir pavé de grosses dalles aux contours parfaitement dessinés. Des statues

de chevaliers étaient disposées de chaque côté du couloir. Dos au mur, elles formaient une double haie de gardiens issus du fond des âges.

Tout à coup, le sol se déroba sous les pieds du Lorrain et de Galichon. La pierre s'émiettait comme un vieux biscuit sec. Les deux Cartouchiens atterrirent trois ou quatre mètres plus bas, parmi la poussière et les débris.

– Hé, vous êtes entiers ? lança leur chef.

– Ouais, rien de cassé, grogna Galichon.

Le Lorrain essayait déjà d'escalader les parois de la fosse mais celles-ci n'offraient guère de prises.

– Pas la peine d'insister ; sans corde, vous êtes coincés, soupira Cartouche.

Il regardait autour de lui en répétant :

– Dans les pas des Templiers... les pas des Templiers...

C'est alors qu'il remarqua un motif en relief, sur les boucliers des statues : une croix aux extrémités évasées. Le même dessin était gravé sur certaines dalles. Il se trouvait lui-même sur l'une d'elles. Il sauta sur la dalle suivante en vérifiant bien qu'elle portait le même motif. Rien ne se produisit.

– Imite-moi, dit-il à Isaac.

Progressant par petits bonds, le duo remonta d'un bout à l'autre du couloir. On aurait dit deux camarades jouant à la marelle. Quelques secondes plus tard, ils débouchèrent dans une nouvelle galerie. Des rais de lumière obliques tombaient du plafond.

Isaac allait s'avancer mais Cartouche l'arrêta :

– Attends ! Tout cela ne me dit rien qui vaille...

Il tendit sa main, la laissant traverser le premier rayon puis il la ramena vivement à lui, comme s'il s'était brûlé.

Aussitôt, un mécanisme cliqueta et une volée de flèches fusa hors de trous percés dans les murs. Un essaim de projectiles mortels passa sous son nez en sifflant.

– Hum, qui s'y frotte s'y pique, grinça Cartouche.

De nouveau, il ouvrit le chemin. Les rais lumineux étaient très nombreux. Ils se croisaient parfois, obligeant les deux hommes à se courber, se pencher, se contorsionner dans tous les sens pour éviter le contact. Ils finirent par ramper et aboutirent enfin à une salle circulaire remplie de malles, de coffres... Certains couvercles étaient ouverts. Cartouche se releva le premier.

– Le trésor des Templiers ! lâcha-t-il, ébahi.

Il s'attendait à quelque chose de fabuleux, mais pas à ce point-là : des bracelets, des colliers, des pierres précieuses et des montagnes de pièces brillaient de mille feux sous ses yeux.

Isaac se redressa à son tour, fier comme un paon. Ils avaient réussi !

Les deux compagnons commencèrent à fouiller du regard le trésor. Il y avait là de nombreux objets magnifiquement ouvragés et originaires de Terre sainte, sans doute des prises de guerre ramenées en France par les chevaliers, à l'époque des croisades. On murmurait

même que les Templiers gardaient le Saint Graal – autrement dit la coupe qui avait recueilli le sang du Christ – en leur possession.

« Bah, il y a tellement de légendes qui entourent cet ordre qu'on ne pourra sans doute jamais démêler le vrai du faux », songea Cartouche.

– Bravo, fit la voix glaciale de Falconi.

L'homme en noir arrivait sur ces entrefaites, après une lente et prudente progression. Il précédait une escouade de gardes royaux. L'un des militaires poussait Fleur d'Épine devant lui. Deux autres s'étaient occupés de récupérer Galichon et le Lorrain à l'aide d'une corde.

– Je préfère vous avoir à l'œil tous en même temps, expliqua Falconi avec un sourire vipérin.

Puis, s'adressant aux soldats, cette fois :

– Allez-y, remplissez-vous les poches ! On fera plusieurs voyages !

La moitié de ses hommes se précipitèrent.

– Non, attendez ! tenta de les avertir Isaac. Il y a encore des pièges ! Il faut...

Mais, fascinés par l'or et les bijoux, les gardes

ne l'écoutaient plus. Ils avaient déjà plongé leurs mains dans cet amoncellement de richesses inimaginable pour eux, même dans leurs rêves les plus fous.

La salle se mit à trembler. Le sol se couvrait de lézardes. Des cailloux tombaient en fine cascade de fissures qui s'ouvraient au plafond.

– Malédiction ! pesta Falconi.

– Oui, on peut appeler ça comme ça, fit le Lorrain, qui avait retrouvé son flegme habituel.

Les soldats couraient dans tous les sens, épouvantés. Les premiers qui rebroussèrent chemin dans le couloir aux rayons lumineux s'effondrèrent aussitôt, criblés de flèches. Dans leur panique, ils avaient jeté toute prudence aux orties. Fleur d'Épine écrasa d'un coup de talon le pied du garde qui la retenait en otage. Elle se dégagea et voulut rejoindre ses amis mais Falconi lui barra le passage.

– Pas si vite, ma jolie !

Il avait sorti son épée. Cartouche s'interposa. Il se servait de sa torche comme d'un gourdin. La flamme de celle-ci traçait des arabesques incandescentes qui s'imprimaient en l'air le temps d'un battement de cils. Les deux adversaires devaient sauter de côté tout en combattant. Ainsi évitaient-ils de tomber dans les failles aux ramifications de plus en plus nombreuses, de plus en plus profondes, qui se multipliaient sous leurs pieds. Un soldat disparut, avalé par les entrailles de la terre. Les coffres du trésor connurent le même sort quelques instants plus tard.

– Non ! hurla Falconi. L'or ! L'or des Templiers !

Ce moment d'inattention lui coûta la victoire. Cartouche le désarma d'un moulinet de sa torche et l'homme en noir recula vers la paroi en massant sa main légèrement brûlée.

– J'ai trouvé un autre passage ! cria Isaac.

Il se tenait devant le mur opposé, les mains pressées sur deux aspérités. Un tunnel venait de s'ouvrir devant lui.

– C'est notre seule chance, acquiesça Cartouche.

Le Prince des faubourgs et ses amis ne perdirent pas une seconde de plus. Partant en file indienne, ils s'engagèrent dans le passage secret. Par moments, le

plafond était si bas qu'ils devaient avancer courbés. Le vacarme de l'écroulement s'estompait lentement derrière eux.

Cinq minutes plus tard, ils sortirent à l'air libre, au bas des remparts crénelés. Il faisait nuit, et la rue déserte n'était éclairée que par la lumière cristalline des étoiles.

– À mon avis, on est débarrassés de Falconi, grommela Galichon, hors d'haleine.

Cartouche sourit :

– Vous n'allez pas me croire, mais je sens qu'il va me manquer...

– C'est vrai, ajouta le Lorrain. Rien de tel qu'une bonne fripouille à combattre pour agrémenter les longues soirées d'hiver...

– Vous pouvez ranger vos mouchoirs, lança Fleur d'Épine en montrant le tunnel qui vomissait de gros nuages de poussière.

Ils se cachèrent sous une arcade. Une silhouette finissait de s'extraire du souterrain. L'homme titubait.

C'était l'impitoyable, l'increvable, l'inoxydable Falconi !

– Le bougre, il est coriace, murmura Galichon.

L'homme en noir hurlait au ciel, les poings serrés :

– Je t'aurai, Cartouche ! Un jour, je t'aurai ! Toi et ta bande de vauriens...

Les Cartouchiens le regardèrent s'éloigner en pouffant de rire. Une fois la menace écartée, ils sortirent de l'ombre et s'époussetèrent.

– Adieu, trésor des Templiers, soupira Isaac.

– Quand je pense à tout ce qu'on aurait pu faire avec cet argent, gémit Fleur d'Épine, dépitée. Il y a tant de gens qui croupissent dans la misère.

– Bah, tout n'est pas perdu, s'esclaffa Cartouche.

Et il sortit deux pleines poignées de colliers et de diamants de ses poches.

– Que voulez-vous ? lâcha-t-il devant l'expression éberluée de ses amis. Déformation professionnelle.

Il leur fit un clin d'œil et tous laissèrent échapper des rires de joie et de soulagement.

Les Templiers, un ordr

L'Ordre du Temple était un mouvement à la fois religieux et militaire. Il fut créé en 1129 par une milice appelée « Les pauvres chevaliers du Christ et du Temple de Salomon ». Ses membres avaient pour vocation d'accompagner et de protéger les pèlerins qui se rendaient en Terre sainte. Durant les croisades, les Templiers furent aux premiers rangs des chevaliers qui combattaient pour la chrétienté. Leur richesse – ils recevaient des dons de toute l'Europe – et leur influence ne firent que s'accroître, les années passant. Évidemment, pareil pouvoir ne va pas sans déclencher des jalousies.

En 1307, Jacques de Molay, le chef des Templiers, entra en conflit avec le roi Philippe le Bel, qui voulait faire fusionner son ordre avec un autre, l'Hôpital, pour mieux les contrôler tous les deux.

Profitant des rumeurs qui circulaient à propos des Templiers – on les disait adorateurs d'une idole baptisée Baphomet – Philippe le Bel fit arrêter les membres de l'ordre et confisquer leurs biens. Jacques de Molay périt sur le bûcher non sans avoir lancé une malédiction qui resta célèbre car une succession de malheurs frappa ensuite la famille royale capétienne.

Depuis, légendes et mystères se sont multipliés autour des Templiers. On prétend par exemple qu'une partie non négligeable de leur incroyable trésor aurait échappé à Philippe le Bel. Des déclarations conservées dans les archives secrètes du Vatican attestent que, la veille de la vague d'arrestations, un cortège comprenant trois chariots recouverts de paille et une cinquantaine de chevaux quitta le Temple de Paris. Le fameux Graal, popularisé par les légendes arthuriennes, était-il caché dans la paille, avec bien d'autres merveilles ? Nul ne le sait. Mais ces tragiques évènements ont de quoi exciter encore longtemps l'imagination des écrivains et des cinéastes…

Achevé d'imprimer en mars 2010 par Pollina S.A.
85400 Luçon - N° Impression : L51742A
Imprimé en France